AF349646

EDICT DV

ROY NOSTRE SIRE,

par lequel est ordonné que toutes interdictions, euocations, arrestz, decretz, commissions executoires & autres prouisions decernées en ses priué & grand Conseil: & pareillement toutes lettres scellées au seel de la Chancellerie estant lez ledict seigneur, seront executoires par tout ce royaume, pays, terres & seigneuries de son obeissance, sans que les parties, Commissaires, Huissiers ou Sergens soyent tenuz demander ne prendre aucune permission, congé, annexe, ne pareatis.

AVEC PRIVILEGE.

A PARIS

Pour Pierre de lastre demeurant au clos Bruneau,
à l'enseigne des trois croissans.

M.D.LVII.

EXTRAICT DES REGI-
stres du grand conseil du Roy.

Vr la requeste verbalement faicte en l'audience du grãd Conseil du Roy par le Procureur general du-dict seigneur en iceluy, à ce que lecture & publication fust faicte de certaines lettres de declaration du Roy, données à sainct Germain en Laye au present mois de Septembre, & que sur le reply d'icelles soit mis ladicte lecture & publication, & icelles lettres enregistrées es registres dudict Conseil. Le Conseil a ordonné & ordonne que les lettres de declaration du Roy, desquelles le Procureur general dudict seigneur a requis la publicatiõ & enregistrement, seront enregistrées es registres dudict Conseil, & que sur le reply d'icelles seront mis ces motz : Leues, publiées & enregistrées, ouy sur ce le Procureur general du Roy ce requerant. Ensuyt la teneur desdictes lettres.

A ij

ENRY par la gra
ce de Dieu Roy de
Fráce, à tous pre-
sens & aduenir sa-
lut. Combien que
les limites des res-
sortz de nos courtz de Parlemens
ayent esté specialement ordonnez
afin que chascune d'icelles se conté-
tát de son ressort, n'entreprint iuris-
diction sur les biens ne sur les habi-
tans du ressort de l'autre, & qu'à nostre grand conseil, qui n'est limité de
aucun ressort, appartiéne la iurisdi-
ction & congnoissance des differens
qui pourroiët estre meuz, tant pour
la diuersité des ressorts de nosdictes
courts & limites d'iceulx, que sur les
recusations & suspiciõs contre elles
afin d'euocations proposées, ensem-
ble des autres matieres dont il a pleu
à noz predecesseurs & à nous leur

commettre & attribuer la congnoiſſance de quelque reſſort que les biés
& parties dõt il eſt queſtion puiſſent
eſtre:& qu'à ce moyen les arreſtz, or
donnances & commiſſions de noſtredict grãd conſeil, ſoyent de leur
nature executoires par tout noſtre
royaume, païs, terres & ſeigneuries
de noſtre obeiſſance, ſans ce que les
executeurs d'iceux ſoyent tenuz re-
querir ne demãder aucun congé ne
permiſſion à noſdictes Courts de
Parlements : Neantmoins feu noſtre
treshonoré ſeigneur & pere ayant
entendu que noſdictes Courts de
Parlements,ou aucunes d'icelles, ne
voulans ſouffrir aucuns arreſtz, ne
autres prouiſions données en noſtre
dict grãd Cõſeil eſtre executez, ſans
premierement les auoir veuz, pour
apres leur permettre,ſi bon leur ſem
bloit,les executer,& à ce moyen leſ-

A iii

dictz executeurs estoiét contrainctz
leur presenter requeste, pour auoir
permissiõ d'executer lesdictz arrestz
& prouisiõs,& que nosdictes Cours
ordonnoiét lesdictes requestes estre
communiquées à nostre Procureur
general & aux parties:& en fin inhi-
boient lesdictz executeurs, de proce
der à l'execution desdictz arrestz, cõ
missions & prouisions , auroit par
edict statué & ordonné que tout ce
qui seroit expedié en ses priué &
grand Conseil,& pareillemét ce qui
sera séellé du séel de nostre Chancelerie estant lez nous , seroit executé
par tout nostre royaume,pays,terres
& seigneuries de nostre obeissance:
lequel edict fut publié & enregistré
en nosdictes cours souueraines, les-
quelles y ont eu si peu de regard,que
à present il n'y a Huissier,Sergēt,ny
autre qui ose executer aucũs arrestz,

decretz ne prouifions de nofdictz
priué & grand confeil, par ce qu'ilz
font contrainctz prefenter requefte
pour auoir lefdictes permiffions. Et
quand ilz les prefentent, nofdictes
Cours ordonnent le tout eftre com-
muniqué à noftre Procureur general, & parties : lefquelles requierent
eftre oyes, & fur ce nofdictes Cours
ordonnent que les parties en vien-
dront à l'audiēce,& font vn proces
ordinaire. Et apres le plus fouuent
deboutent les impetrãs defdictes re-
queftes, & denient lefdictes permif-
fions.Et quãd aucun les execute fans
auoir de nofdictes Cours lefdictes
permiffions, lefdictes Cours font
cõftituer prifonniers les executeurs,
& les parties les cõdamnent en grof-
fes amendes, comme il nous eft cy
deuant par plufieurs fois apparu par
les procedeures de nofdictes Cours.

A quoy pour le bien de iuſtice , &
ſoulagement de noz ſubiectz eſt requis pouruoir.

SCAVOIR FAISONS, que
nous deuëmét informez des choſes,
& apres que nous auós ſur ce eu l'ad
uis de noſtre conſeil, auons dict, de-
claré, ſtatué & ordonné, & par edict
perpetuel & irreuocable, de noz cer-
taine ſcience, pleine puiſſance & au-
ctorité royal, diſons, declarons, ſta-
tuons & ordónons, voulons & nous
plaiſt, que toutes interdictions, euocations, arreſtz, decretz, commiſſiós
executoires , & autres choſes qui ſeront decernées par noſdictz priué &
grand Conſeil , & pareillement toutes lettres ſeellées au ſéel de noſtre
Chácelerie eſtát lez nous, ſeront executoires par tout noſtredict royaume, païs, terres & ſeigneuries de noſtre obeiſſance , ſans ce que les parties,

ties, Huiſsiers, Sergens n'autres Com-
miſſaires ſoyent tenuz demãder aucune permiſsion, congé ne annexe à
noſdictes Cours ſouueraines, n'autres iuges quelzcõques. Et quant aux
interdictions & euocations, elles ſeront par l'Huiſsier ou Sergent com-
mis à les mettre à execution, preſen-
tées à l'vn des Preſidens ou Conſeil-
lers de noſtredicte Court, laquelle
ſera interdicte afin qu'elle tienne leſ-
dictes inhibitions pour faictes, & ne
prenne plus aucune congnoiſſance
des proces & matieres qui leur ſerõt
interdictz: laquelle Court en fera re-
tenir copie par le Greffier ſi bon luy
ſemble. Et ce faict, & le meſme iour
ſeront rendues audict Huiſsier ou
Sergent, ou executeur, pour les ſigni-
fier aux parties, ou aux Huiſsiers, Ser
gens ou autres executeurs, pour les
executer ou faire executer ainſi que

B

de raison, sans que ladicte Court
puisse ordonner que lesdictes interdictions & euocatiõs serõt mõstrées
aux parties, ne sur icelles ordonner
aucune chose, en quelque maniere
que ce soit. Ce que nous auons inhi
bé & defendu, inhibõs & defendõs
à nosdictes Cours souueraines, à pei
ne de despens, dõmages & interestz
des parties. Et quant aux arrestz, decretz, commissions executoires, &
autres prouisions qui seront decernées par nosdictz priué & grand Cõ
seil, & Chancelerie estant lez nous,
lesdictz Huissiers, Sergens & autres
executeurs ne serõt tenuz les presenter à nosdictes Cours, ne autres Iuges, ne leur demander aucune permissiõ, ains les executerõt ainsi qu'il
leur sera mandé: & interdisant & de-
fendant à nosdictes Cours souueraines, & autres Iuges, aux peines sus

dictes, empescher ne faire empef-
cher lefdictz executeurs, ne les parties, ains leur dõnent ou facent don-
ner fecours & aide, ainfi que requis
en feront. Et ou nofdictes cours fou-
ueraines & Iuges contreuiédrõt au-
cunemét à ce que deffus, nous auõs
defaprefent comme pour lors, & def
lors comme pour maintenant, caffé,
reuoqué & adnullé, caffons, reuo-
quons & adnullons tout ce qui aura
efté par eux & chafcun d'eulx faict,
fans autre declaration. Et neátmoins
feront ceulx qui aurõt faict lefdictz
empefchemés adiournez en noftre-
dict grand Confeil, pour fe voir con
demner en leurs propres & priuez
noms, aux defpens, dommages &
intereftz, & en l'amende telle que de
raifon. SI DONNONS en
mandement par cefdictes prefentes
à nofdictz grand Confeil & Cours

souueraines , Baillifz , Seneschaulx,
Preuostz & autres Iuges, ou leurs
Lieutenans & chascun d'eulx, sicom
me à luy appartiendra, que noz pre-
sens declaration, statut & ordonnan
ce ilz facent lire , publier & enregi-
strer par tout ou besoing sera, iceulx
gardent, obseruent & entretiennent,
facent garder, obseruer & entretenir
inuiolablemēt sans enfraindre ne cō
treuenir en quelque maniere que ce
soit: Car tel est nostre plaisir: Nonob
stāt quelzcōques edictz , ordōnāces,
restrinctions, mandemens ou defen-
ces, & lettres contraires à ce que des-
sus: ausquelles nous auōs desrogé de
nosdictes sciēce, puissance & auctori
té, & derogeons par cesdictes presen
tes. Et pource que d'icelles on pour-
ra auoir affaire en plusieurs & diuers
lieux, nous voulons qu'au vidimus
d'icelles, faict soubz séel royal, deuę

ment collationné par l'vn de noz a-
mez & feaux Notaires & Secretaires,
foy foit adiouftée comme au prefent
original. Auquel afin que ce foit cho
fe ferme & ftable à toufiours, nous
auons faict mettre noftre féel, fauf en
autres chofes noftre droict, & l'au-
truy en toutes. Donné à fainct Germain en Laye au mois de Septébre,
l'an de grace mil cinq cens cinquan-
te cinq, & de noftre regne le neufief-
me. Ainfi figné fur le reply, Par le
Roy en fon confeil, Hurault. Et au
bout eft efcript, Vifa, Et féellé du
grand féel, de cire verd, pendant en
laz de foye, rouge & verd.

Faict audict Confeil à Paris, le xii.
iour de Septembre, mil cinq cens
cinquantecinq.

Collation eft faicte.
Ainfi figné. FAVRE.

A NOSSIEVRS DV
grand Conseil.

SVpplie humblement Pierre de Lastre Libraire, demeurāt à Paris, comme il ait recouuré vn edict faict par le Roy, par lequel ledict seigneur veult que toutes interdictions, euocations, arrestz, decretz, cõmissions executoires, & autres choses qui seront decernées par son priué & grand cõseil, & pareillement toutes lettres seellées du seel de la Chancelerie suyuant sa personne, soyēt executoires par tout son royaume, pays, terres & seigneuries de son obeissance, sans ce que les parties, Huissiers, Sergens ne autres Commissaires soient tenuz demander aucune permission, congé ne annexe aux Cours souueraines, ne autres: lequel edict ledict de Lastre feroit voluntiers imprimer, mais il craint qu'apres iceluy imprimé, autres Libraires ou Imprimeurs le voulussent imprimer, frustrant

ledict de Lastre de ses peines, mises & va
cations. Pour ces causes vous plaise permet
tre audict suppliant faire imprimer ledict
edict, & que defenses soyët faictes à tous
autres, de quelque estat, qualité & condi-
tion qu'ilz soyent, qu'ilz n'ayent à l'imprimer iusques à trois ans finiz & accöpliz,
& vous ferez bien.

IL est permis audict suppliant faire imprimer ledict edict, & iceluy vendre &
distribuer: Et sont faictes inhibitions &
defenses à tous autres Libraires & Imprimeurs, de non imprimer ne vendre ledict
edict iusques à trois ans, sur peine de con-
fiscation desdictz liures, & d'amende ar-
bitraire. Faict audict Conseil à Paris, le
ij. iour de Iuin, M.D.LVII.

Ainsi signé FAVRE.